AF410010

POESÍAS DE MI ALMA

Pablo Suriel Langumas

POESÍAS DE MI ALMA

Santo Domino, Distrito Nacional
Septiembre 2022

Poesías de mi Alma

Autor:
Pablo Suriel Langumas

Primera edición:
Septiembre 2022

Diagramación:
Roger Rufino Contreras González

Diseño de portada:
Abigail Massiel Bonilla

ISBN: 978-9945-18-283-5

Impreso en República Dominicana
print in Dominican Republic

DEDICATORIA

Dedico este libro a toda mi familia, colaboradores, relacionados y todos los seres humanos, que de una u otra forma puede convertirse en un aliado emocional y sentimental, de manera sostenida en sus vidas diarias. Son reflexiones poéticas con sentimientos, expresadas en frases sencillas, fáciles de entender, cuyo objetivo es recrear en cada uno de los lectores momentos inolvidables en su vida sean estos de carácter real o imaginario.

A todas y todos mi más sincera gratitud, con mucho cariño y respeto.

ÍNDICE

PRÓLOGO

En este libro queda plasmado desde lo más profundo de mi alma, los más genuinos sentimientos, siendo testigo mi experiencia de vida con existencia bajo las nubes y arbustos de las montañas, ríos, valles y ciudades, traspasando los mares a otras latitudes, testigo también de hermosas reflexiones poéticas, capaces de entrar en silencio emocionando el alma, recreando en sí mismo el pasado en el presente, extendiéndose a cada lector, creando un oasis de amor , adornando con emoción las entrañas del corazón.

Poesías pueblerinas, que le dan vida y hermosas vivencias al amor, día a día; recreando en la presente y futuras generaciones, las añoranzas de nuestras vidas, convirtiéndose en versos inmortales, capaces de conquistar los más difíciles amores, para ser inmensamente disfrutables.

Capítulo I
POESÍAS DE MI ALMA

Constanza, Constanza, mi pueblo
querido y dueño de mis
AÑORANZAS, hoy comparto con
mis amigos...sin perder la esper-
anza...de pronto volver a los pies
de tus montañas y gritar desde lo
más profundo de mi corazón, esta
es mi tierra ADORADA.

Pablo Suriel Langumas

La POESÍA, es la expresión sana
y linda; desde lo más profundo
del alma, sobre un ser que
tu recuerdas o AMAS.

Hoy cumplo un año más de vida,
en el mundo hay muchas flores...
que me RECUERDAN, que me
recuerdan y no me OLVIDAN.

Pablo Suriel Langumas

Soy dominicano, Región
caribeña, desde Trinidad
a BAHAMAS, siempre la
recordaré con añoranza desde
lo más profundo de mi ALMA.

Pablo Suriel Langumas

Mi gratitud a las mujeres
por haberme traído al mundo
y darme tantos PLACERES
¡emociónante como el perfume y
romántico como las FLORES!

Pablo Suriel Langumas

En la tiniebla surge una luz,
mirando pasar una ROSA...
resignado, resignado, imagino
¡cuánto, cuánto un amor pasado
se DISFRUTA!

Pablo Suriel Langumas

El merengue tenemos que cuidar
y FOMENTAR, tenemos las
mujeres más hermosas y dulces
para BAILAR.

Pablo Suriel Langumas

¡Las orquídeas son flores
MULTICOLORES, hermosas
en sus entrañas y unen el mundo
con AMORES!

Pablo Suriel Langumas

¡La mujer que cultiva y ama
las ORQUÍDEAS, se ama a sí
misma y cuida a quien ama para
toda la VIDA!

Pablo Suriel Langumas

Puerto Rico me encanta,
Cuba me EMOCIONA, estoy
en Santo Domingo ¡cuna
de las mujeres HERMOSAS!

Pablo Suriel Langumas

Colombia, tierra de hermosas
ORQUÍDEAS, fue un honor visitarla
con mi amada esposa
y mi querida HIJA.

Pablo Suriel Langumas

¡Qué hermosa es la luna!,
¡Qué bello AMANECER!
llegando a Puerto Rico,
acompañado de una flor...
esa es mi MUJER.

Pablo Suriel Langumas

Jarabacoa es un hermoso pueblo
que me da mucho PLACER...
y al mundo le digo, tiene
el ¡más bello AMANECER!

Pablo Suriel Langumas

Que linda esta la Luna y hermosa
la salida del SOL...celebrando
con alegría los 15 años de mi hija
con ternura y AMOR.

Pablo Suriel Langumas

Esta Orquídea es como una
MELODÍA. ¡cantada desde lo
más profundo de mi alma
en tu día de DÍA!

Pablo Suriel Langumas

¡Que linda la mañana, que hermoso
PANORAMA, para estar al lado
de la mujer que más AMO!

Caminando en el paraíso encontré
una flor abierta MIRANDO, mirando
¡soy tuya hasta la MUERTE!

Pablo Suriel Langumas

Nació una dulce alma, se fue lejos
sin saber que le esperaba,
amargura, amargura, dando a luz
ternuras y dispuesta
a dar por ellas, hasta la vida
¡MAMÁ, MAMÁ que Dios
la tenga en GLORIA, EN PAZ Y
TRANQUILA!

Pablo Suriel Langumas

¡Estoy mirando una estrella
que ilumina mi sombra! desde
lo más profundo de mi ALMA,
la llevo, la llevo dentro mí ¡como
una rosa de PRIMAVERA.!

Pablo Suriel Langumas

¡La mujer con el alma y amor
me da la vida... me enseña a
VIVIR y con ternura a SONREÍR!

La mujer no alumbra por raza,
con amor nos da la VIDA,
con igualdad hay que VIVIRLA.

Pablo Suriel Langumas

Hoy conocí una hermosa
MUJER, amante de las flores, en
sus oídos le digo ¡eres el amor de
mis amores, abierto como un
clavel y el cántico de un
RUISEÑOR!

Pablo Suriel Langumas

¡En la noche ilumina la luna,
en el día brilla el SOL, mientras
existan mujeres hermosas, más
enamorado de la vida ESTOY!

Pablo Suriel Langumas

El mundo está bajo ataque,
invisible con malas
INTENCIONES; volando
por aire, atacando las NACIONES.

Pablo Suriel Langumas

Hay amores que estaban
en DESAMORES, por culpa del Covid
se han separado con RENCORES.

Pablo Suriel Langumas

El amor, las mujeres
y las FLORES, en el universo
son fuentes de PLACERES.

Pablo Suriel Langumas

Valle Nuevo, Alto Bandera
es la médula de nuestra TIERRA,
a las generaciones le digo,
hay que CUIDARLA,
para nuestra existencia
y placeres.

Pablo Suriel Langumas

Valle Nuevo, es un encanto
con frío caribeño, adornado
de NEBLINA, hermoso para
disfrutar la VIDA.

Pablo Suriel Langumas

Mis poemas son versos narrativos,
que nacen de lo más profundo
de mi ALMA, para conquistar
a las mujeres y especialmente
a las de mi PATRIA.

Pablo Suriel Langumas

Tengo dos ORQUÍDEAS,
con una rosa entre piernas,
me emociona en la mañana
y las disfruto en la CENA.

Pablo Suriel Langumas

Nuestra relación de pareja,
es como una POESÍA, cada momento
de nuestra vida es como el primer DÍA.

Pablo Suriel Langumas

Las gentes de mí TIERRA,
son trabajadoras y contentas...
todo el que la visita, lo reciben
con nobleza ¡Constanza, Constanza,
adornado de hermosas flores y bella
NATURALEZA!

Pablo Suriel Langumas

Las mujeres Latinoamericanas son hermosas... de connotación universal ¡se abren como una FLOR, para cualquier hombre CONQUISTAR!

Pablo Suriel Langumas

A nuestras hermosas MUJERES,
tenemos que cuidar y al mundo decirle
no las podemos MALTRATAR.

Pablo Suriel Langumas

A las mujeres que he TENIDO,
las respeto y las admiro ¡gracias
del alma! por haber estado CONMIGO.

Pablo Suriel Langumas

La tierra Dominicana es linda
y PRODIGIOSA, en cada bello
amanecer hay más flores
y mujeres HERMOSAS.

Pablo Suriel Langumas

36

Constanza es una flor que el
mundo quiere VISITAR,
los bosques y faunas tenemos
que cuidar y con mucha emoción
vamos a DISFRUTAR.

Pablo Suriel Langumas

En Boca de Yuma nació una rosa
y mártir HUMANISTA, esa fue
la Dra. ANDREA EVANGELINA.

Pablo Suriel Langumas

En el día de tu cumpleaños,
he aquí, un regalo barato, pero
con mucho SENTIMIENTO,
con una voz entonada,
en tu almohada te digo ¡cuanto
te amo y te QUIERO!

Pablo Suriel Langumas

A tí, a tí ¡Qué hembra más
hermosa! para disfrutarla
en un jardín de rosas, hasta
el amanecer, hasta el AMANECER,
saciando en lo más íntimo;
¡el alma de PLACER!

¡María, María! nuestra amistad
siempre brilla, como una luz entre
orquídeas, como ondea la
BANDERA, en ¡señal de libertad,
para toda la VIDA!

Pablo Suriel Langumas

No maltrates MI CORAZÓN,
lo entristeces sin razón, abierto
a estar contigo, simplemente,
simplemente por AMOR.

Pablo Suriel Langumas

42

Las mujeres por los hombres
siempre serán CONVENCIDAS,
hay que tenerlas como flores
en un jardín, hasta el último
día de nuestras VIDAS.

Pablo Suriel Langumas

¡Yalinda, Yalinda, hermosa
e inolvidable! caminando
en las montañas y los jardines
de las LLANURAS, siempre
te recordaré con mucho ¡amor
y TERNURA!

Pablo Suriel Langumas

¡Qué hermoso sale el sol, qué bello
AMANECER, lindo panorama
para conquistar una MUJER!

Pablo Suriel Langumas

Hoy no recordamos a nuestra
madre con tristeza, sino como
una HEROÍNA, que luchó
por sus hijos, para darnos
una mejor VIDA.

Pablo Suriel Langumas

Mi amada República Dominicana,
tierra de mis amores, he andado
el mundo y quiero morir aquí...
si muero fuera de mi PAÍS,
a mis gentes les ruego,
¡me entierren donde NACÍ!

Pablo Suriel Langumas

Un Domingo en la mañana, acostado
en mi cama, entra la belleza
del SOL; emocionado desde
la centraña de mi alma, a mi amada
le digo ¡eres la más hermosa y nunca
te OLVIDO!

Pablo Suriel Langumas

Una tarde adornada de pasión,
con lealtad a la distancia y mucha
EMOCIÓN, en una densa
vegetación... ¡Mirala, es ella, es
ella mi gran amor,
que apasionamente, siempre
la llevaré en mi CORAZÓN!

Pablo Suriel Langumas

Una mañana sentado a la orilla
del MAR, imagino una hermosa
orquídea vestida de blanco
en el altar... mis brazos abiertos
al horizonte ¡es con ella que
quiero morir y ESTAR!

Pablo Suriel Langumas

No hay una dama que se resista
a una POESÍA, y más aún, cuando
es amada de noche y de DÍA.

Pablo Suriel Langumas

Escribo estas letras en señal
de TERNURA, si te apasionan
mis sentimientos, ¡acompáñame,
acompáñame para toda la VIDA!

Pablo Suriel Langumas

No es la virilidad que permanece
en el TIEMPO, sino,
los detalles y trato
con ¡profundos SENTIMIENTOS!

Pablo Suriel Langumas

Una lluvia en una mañana
de PRIMAVERA, estimula
nuestros sentimientos, a vivir
una vida hermosa y PLENA.

Pablo Suriel Langumas

En un bello AMANECER, las aves
están contentas ¡con hermosos
cánticos, hacen feliz
mi EXISTENCIA!

Pablo Suriel Langumas

A ellas hay que amar y darle
PLACERES, para que siempre
estén satisfechas y con gusto
de ser MUJERES.

Pablo Suriel Langumas

Porque te amo, te doy todo
con el alma, si no te causo en cada
momento EMOCIÓN, hacia mí no
tienes amor, simplemente es ILUSIÓN.

Pablo Suriel Langumas

¡Qué linda es la Luna, hermosa
madrugada!, brillante salida
del SOL, entre mis brazos siento
el palpitar de ella...
¡que es mi gran AMOR!

Pablo Suriel Langumas

Caminando a la orilla del mar,
una hermosa doncella vi PASAR,
¡oh! no hacen faltas las prendas
¡es con ella, es con ella
que me quiero CASAR!

Pablo Suriel Langumas

Hoy en libertad, pienso
en mi PASADO, gracias
a mis amores, hoy estoy
aún más ENAMORADO.

Pablo Suriel Langumas

Yo soy frío y tu CALIENTE...
estaremos juntito para siempre,
para que no se mal interprete, esto
solo es en las PIELES.

Pablo Suriel Langumas

Esta primera edición
Poesías de mi Alma,
se terminò de imprimir
en el mes de Septiembre del 2022,
Santo Domingo, República Dominicana.

Colección de libros de Grandes Pensamientos

POESÍAS
DE MI ALMA

El amor es la
expresión más
sensible del alma.

INSTITUCIONALIDAD
&RIQUEZA

El orden enriquece
nuestras vidas.

PENSAMIENTOS
DE ÉXITO

Pensar
es reflexionar.

PABLO SURIEL LANGUMAS
MANDAMIENTOS
DE UN EMPRENDEDOR

Pensar es crear
soluciones.